24. Oktober – 22. November

Der Skorpion

Johann Mayrs Satierkreiszeichen

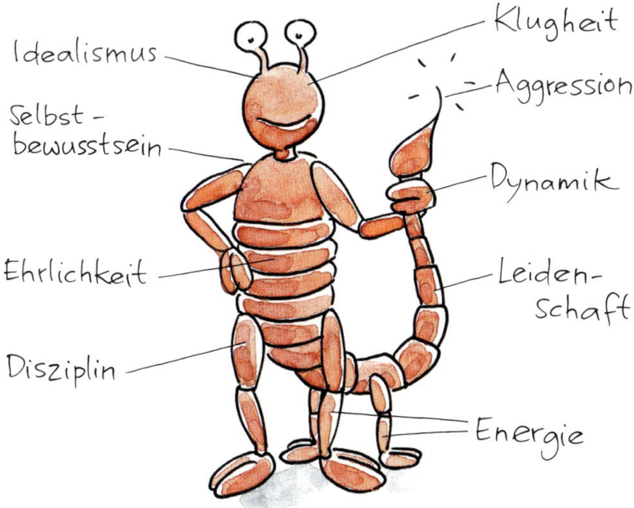

KORSCH VERLAG

Illustrationen: Johann Mayr
www.johannmayr.de
Texte: Christine Guggemos
Gestaltung: Barbara Vath
Satz: FIBO Lichtsatz, Kirchheim
Lithografie: REPRO BRÜLL, A-Saalfelden
Druck und Bindung: Uhl, Radolfzell
Printed in Germany
ISBN 10: ISBN 3-7827-2124-1
ISBN 13: ISBN 978-3-7827-2124-0

Verlagsverzeichnis schickt gern:
A. Korsch Verlag GmbH & Co., Postfach 10 80, 82195 Gilching
www.korsch-verlag.de

Inhalt

Skorpion-Steckbrief

Der Skorpion

Lateinischer Name: Scorpius

Gattung: Spinnentiere

Geburtsdatum: 24.10.–22.11.

Element: Wasser

Planet: Pluto und Mars

Merkmale

Der Skorpion ist in der Regel zwischen 1,50 und 2,30 Meter groß und zwischen 50 und 200 Kilo schwer. Die weiblichen Skorpione sind etwas kleiner und zierlicher als die Männchen, in ihrer Erscheinung aber mindestens ebenso beeindruckend. Das Wesen der Skorpione ist tiefgründig, leidenschaftlich, mutig, forschend, ehrgeizig, zäh und treu, kann aber auch provokative, besitzergreifende, rachsüchtige, machtbesessene, streitsüchtige und verletzende Züge annehmen. Das kommt ganz auf das jeweilige Exemplar an.

Verbreitung

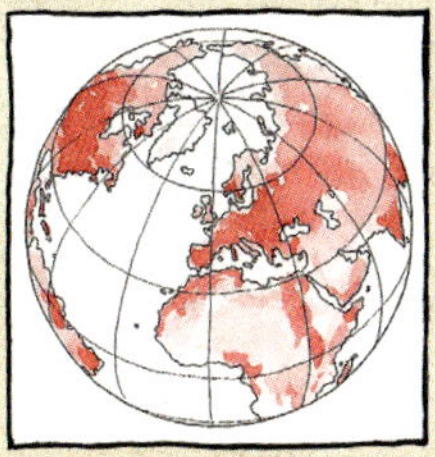

Die Skorpione sind dank ihrer Zähigkeit überall auf der Erde anzutreffen, wo man der Astrologie Beachtung schenkt. Gerne siedelt sich der Skorpion in extremen Klimazonen wie der Wüste, dem Nordpol oder dem tropischen Regenwald an. Je extremer, desto besser sind für ihn die Lebensbedingungen. Nur Langeweile oder Mittelmaß können ihn dazu bringen, ein einmal erobertes Gebiet freiwillig wieder zu räumen.

Lebensweise und Ernährung

Der Skorpion lebt gerne zusammen mit seinen Auserwählten in überschaubaren Gruppen, kommt aber auch auf sich selbst gestellt ganz gut zurecht. Phasen großer Geselligkeit können sich beim Skorpion gerne immer wieder mit Phasen der Einsiedelei abwechseln. Der Skorpion will die Welt in all ihren Facetten entdecken und begreifen. Deshalb probiert er alle vorhandenen Nahrungsmittel bereitwillig aus. Nur fade Mahlzeiten kann er nicht leiden. Bevor er lauwarme, ungesalzene Brühen zu sich nimmt, greift er lieber zu gerösteten Gottesanbeterinnen in Chili-Senf-Sauce.

SKORPIONE KÖNNEN MANCHMAL ÜBERSCHÄUMEND REAGIEREN

SKORPIONE GELTEN ALS ZIEMLICH KONSEQUENT

Das Skorpion-Prinzip

Das Skorpion-Prinzip ist eine explosive Mischung aus extremem Mut, brodelnder Leidenschaft, intensivstem Lebenshunger bei gleichzeitiger Todessehnsucht, absolutem Machtstreben und endloser Tiefgründigkeit. So extrem kann ein Charakter gar nicht ausgeprägt sein, denken Sie? Doch, denn der Skorpion hat den unbeugsamen Willen, die Welt zu verstehen und das kann man nur, wenn man ständig an seine Grenzen geht und auch den Schattenseiten oder den Extremen des Lebens ins Auge blickt. Es versteht sich fast von selbst, dass der Skorpion für die Haustierhaltung wenig geeignet ist. Sein Besitzer müsste entweder größenwahnsinnig sein, wenn er glaubt, den Skorpion mit Gewalt domestizieren zu können oder aber todesmutig. Denn der Skorpion hat nicht umsonst einen giftigen Stachel, er ist auch bereit, ihn hin und wieder einzusetzen. Natürlich nur zu seinem Schutz, aber dem Gift ist es egal, ob es aus edlen oder niedrigen Beweggründen eingesetzt wird, es wirkt einfach. Trotzdem soll es Fälle geben, in denen die Haltung eines Skorpions dauerhaft geglückt ist. Nämlich dann, wenn der Skorpion sich seinen Besitzer selbst gewählt hat, ihm zu-

DER SKORPION LÄSST SICH ZU NICHTS VERLEITEN, WOZU ER KEINE LUST HAT gelaufen ist. Sobald der Skorpion sich aus freien Stücken für einen Menschen entschieden hat, bleibt er ihm treu und opfert sich regelrecht auf. Daraus resultiert aber auch ein Machtanspruch, denn die Leistungen, die der Skorpion für jemanden erbringt, will er gewürdigt wissen. Man kann dem Skorpion nichts vormachen, Unwahrheiten oder gar Betrug bemerkt er auf der Stelle. Er duldet keine weiteren Haustiere neben sich und wird diese gewiss nicht vor seiner Rache verschonen. Und seine Rache ist gefürchtet, denn der Skorpion schlägt nicht blind und wütend drauflos, er schmiedet lieber lange perfide Pläne, um seinen Stachel später direkt in die Achillesferse seines Gegners zu bohren. Wer es geschafft hat, den Skorpion zu zähmen, wird seiner Faszination, seiner Ernsthaftigkeit, seiner Ehrlichkeit und seiner Leidenschaft für immer erliegen. Ein anderes Haustier kommt dann nicht mehr in Frage. Damit man lange Freude an seinem Skorpion hat, sollte man ihn in seiner Einzigartigkeit lieben, seine Schwäche für Okkultes ertragen und ihm ein intensives Leben jenseits aller Grenzen ermöglichen. Auch wenn der Skorpion sich dadurch immer wieder in Todesgefahr begibt. Denn in einer mittelmäßigen und langweiligen Umgebung würde er ohnehin eingehen wie eine Primel.

BEZIEHUNGEN MIT EINEM SKORPION HABEN
EINEN GANZ EIGENEN REIZ

Der Über-Skorpion

Was passiert wohl, wenn eines Tages ein kleiner Skorpion die Welt erblickt, bei dem die Skorpion-Eigenschaften ins Extreme neigen? Quasi ein Skorpion mit Aszendent Skorpion, ein Mega-Skorpion, der König unter den Skorpionen? Lassen Sie uns dieses Szenario einmal kurz durchspielen: Die Eltern des kleinen Über-Skorpions stehen ganz schön unter Strom. Wie kann so ein kleines Kind das ganze Leben derart umkrempeln?! Das denken alle Eltern, meinen Sie? Schon, aber die meisten Kinder bringen im Gegenzug zu allen Mühen auch Fröhlichkeit ins Haus. Unser kleiner Skorpion aber ist etwas ganz Besonderes. Er lacht selten, außer, wenn Dracula im Fernsehen kommt. Er will zum Einschlafen Gruselgeschichten hören, sein erstes Wort ist Rache und in seine Puppen steckt er mit Vorliebe kleine spitze Nadeln. Unter seinem durchdringenden Blick werden seine Eltern zunehmend nervös. Das ist auch Absicht, denn die Machtverhältnisse sollten von Anfang an geklärt sein. Bald hat der Skorpion

ES GIBT EINIGE, DIE SIND DER MEINUNG, SKORPIONE SEIEN RACHSÜCHTIG seine Eltern so weit, dass sie ihm ohne Widerrede seinen Willen lassen. Schmerzliche Erfahrungen mit der heißen Herdplatte oder dem Kaktus sind aber deshalb vorprogrammiert. Doch durch Erfahrung, vor allem der am eigenen Leib, wird man nicht nur hin und wieder verletzt, sondern auch klug. Der kleine Mega-Skorpion wird

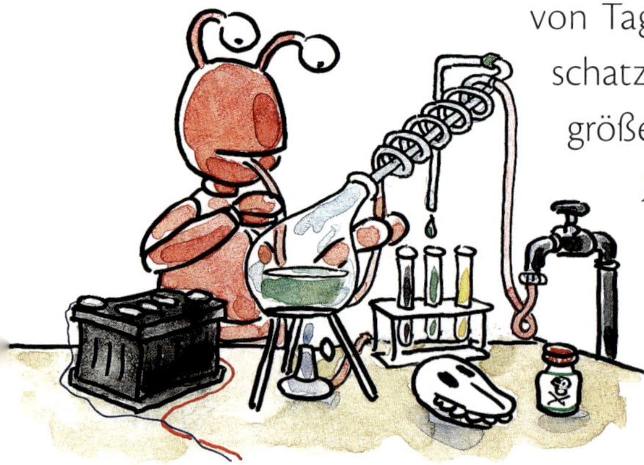

von Tag zu Tag klüger, sein Erfahrungsschatz reicher, sein Wissensdurst immer größer. Bereits im zarten Alter von fünf Jahren interessiert er sich für Anatomie und Chirurgie und braut in seinem Chemiekasten aggressive Zaubertränke zusammen, die mit ihren Gasen das Haus beinahe zum Einsturz bringen. Früh übt sich, wer ein großer Magier werden will. Falls das nicht klappt hat der kleine Über-Skorpion aber noch andere Karriere-Möglichkeiten: Zahnarzt zum Beispiel, Sektenführer oder Friedhofsgärtner.

DER SKORPION MUSS ANSCHEINEND JEDE ERFAHRUNG SELBST MACHEN

Der Skorpion und die anderen

Angenommen, der Skorpion sitzt eines Abends mit den anderen 11 Sternzeichen an einem magisch beleuchteten Tisch. Aus verschiedenen Schalen dampfen verlockend allerlei exotische Köstlichkeiten und der Wein in den Kelchen passt hervorragend zur blutroten Tischdecke. Aber irgendwie fehlt dem Abend trotzdem der besondere Kick. Der Schütze langweilt alle mit seinen missionarischen Predigten. Der Steinbock denkt an seine Arbeit und starrt stumm vor sich hin. Auch der Wassermann hat keine Lust zum Streiten und macht stattdessen blöde Witze über die Wiedergeburtstheorien des Skorpions. Der Fisch, der Jammerlappen, macht sich ganz klein, um nicht zwischen die Fronten zu geraten. Der Widder versucht krampfhaft, durch lautes Brüllen auf sich aufmerksam zu machen. Von subtilen Methoden hat der wohl noch nie etwas gehört! Der Stier sitzt stumm vor einem Riesenteller und stopft die Speisen wahllos in sich rein. Der Zwilling beteiligt sich eifrig am Ge-

SKORPIONE SIND ALLERGISCH GEGEN AUFGEBLASENE TYPEN

spräch, obwohl er von Wiedergeburtstheorien offensichtlich keine Ahnung hat. Der Krebs ist nervös, weil heute Neumond ist. Der Löwe flirtet mit der Waage und bemerkt gar nicht, dass auch der Skorpion ein Auge auf diese geheimnisvolle Schönheit geworfen hat. Während der Skorpion einen Plan ausheckt, wie er den unliebsamen Nebenbuhler am schnellsten aus dem Weg räumen kann, disqualifiziert sich die Waage selbst. Ihre Äußerungen und ihr Lächeln sind dem Skorpion bei näherer Betrachtung doch zu oberflächlich. Vielleicht besser die Jungfrau verführen? Doch die bleibt auf Distanz und wischt kühl mit ihrer Serviette die Krümel vom Tisch. Entsetzlich, diese Langweiler! Der Skorpion führt seine Gäste einzeln zur Tür und gibt jedem noch eine kräftige Beleidigung mit auf den Heimweg. Freudig erregt legt er seine Nosferatu-DVD ein. Aus dem Abend kann doch noch was werden!

WER EINEN SKORPION SCHMÄHT, WIRD MIT REAKTIONEN RECHNEN MÜSSEN

Damit kann man den Skorpion ganz schön ärgern

Wer mit dem Teufel essen will, muss einen langen Löffel haben. Und wer den Skorpion ärgern will, sollte sich warm anziehen oder einen einfachen Flug in die Antarktis buchen. Sie wollen es trotzdem versuchen? Also schön, locken Sie den Skorpion mit einer Einladung zum Gläserrücken in Ihr Haus. Bitten Sie ihn, eine Flasche Erlauer Stierblut aus dem Keller zu holen, schlagen Sie, sobald er drin ist, die Tür zu und sperren Sie dreimal ab. Sorgen Sie für grelles Licht und lassen Sie aus großen Lautsprechern laute Mainstream-Musik erschallen. Erst wird er Sie auslachen, Ihnen ironisch für die interessante Erfahrung danken, später fluchen und toben. Geben Sie nicht nach, Sie haben ja das Ticket in die Antarktis. Lassen Sie den Skorpion erst wieder frei, wenn er um Gnade bittet. Dann öffnen Sie die Tür, machen sich kurz über ihn lustig und verschwinden auf Nimmerwiedersehen. Seine Rache brauchen Sie nicht zu fürchten. In der Antarktis gibt es nämlich keine Skorpione.

WER DEN SKORPION BESSER KENNT, VERSUCHT STREIT ZU VERMEIDEN

Damit kann man dem Skorpion eine große Freude machen

Sie wollen dem Skorpion eine Freude machen? Haben Sie sich das auch gut überlegt? Okay, Ernst beiseite, es gibt ja auch ein paar liebenswerte Vertreter der Gattung Skorpion, die durchaus Geschenke verdient haben. Wenn Sie so ein Exemplar kennen, probieren Sie es doch einmal mit einer Achterbahnfahrt. Das Auf und Ab dürfte dem Skorpion gefallen. Bei der Gelegenheit können sie auch gleich noch zusammen eine Runde in der Geisterbahn drehen. Falls das Ihrem Skorpion zu profan sein sollte, machen Sie mit ihm einen ausgedehnten Spaziergang auf dem Friedhof und diskutieren Sie dabei mit ihm über die Motive der schlimmsten Serienmörder des 20. Jahrhunderts. Das Morbide liegt Ihnen nicht so sehr? Dann wird es schwierig, aber nicht unmöglich: Betrinken Sie sich mit dem Skorpion bis zum Umfallen, völlen oder fasten Sie mit ihm oder organisieren Sie eine Klettertour ohne Seil. Der Skorpion wird glücklich sein, solange er an seine Grenzen gehen kann.

DER SKORPION MAG ES EXTREM

Der Skorpion im Bett

Na, haben Sie diese Seite als Erstes angesteuert? Sie sind schon wahnsinnig gespannt, welch leidenschaftliche Höchstleistungen der Skorpion im Bett erbringt? O. K., dann wollen wir Sie mal

nicht länger auf die Folter spannen: Der Skorpion ist kein begeisterter Schläfer. Zwar ist auch er manchmal müde, aber eine spannende Grenzerfahrung ist das abendliche Zu-Bett-Gehen nicht unbedingt. Manchmal lohnt es sich aber doch. Im Traum kann der Skorpion endlich mehr über den Tod erfahren, zum Beispiel, wenn er sich in einem Alptraum von einem Hochhaus stürzt. An guten Tagen schwebt er wie ein Vogel über den Dingen oder schafft es endlich, die Weltherrschaft an sich zu reißen. Aus diesen Träumen würde er am liebsten nie wieder aufwachen. Die Realität ist dagegen unendlich öde. Ob der Skorpion auch von dem einen träumt? Aber sicher! Aus Rücksicht auf zartere Gemüter müssen wir aber Details unerwähnt lassen. Der Strudel der Leidenschaft des Skorpions könnte sie in den Abgrund reißen.

EIN SKORPION WILL ALLES ANDERE ALS ALLTÄGLICH SEIN

Skorpione, die die Welt veränderten

Erfahrung und Macht sind für den Skorpion von persönlicher Wichtigkeit, doch er will auch seinen Beitrag leisten, die Welt zu vervollkommnen. Und was liegt da näher, als sie nach seinen Vorstellungen neu zu formen. Der wohl herausragendste aller Skorpion-Beiträge zur Veränderung der Welt stammt zweifelsohne von Martin Luther. Mit der skorpiontypischen Tiefgründigkeit widmete er sich der Bibel und dem Glauben der damaligen Zeit, um nach langem Beten, Büßen und Grübeln endlich zu seinem „Turmerlebnis“ zu gelangen, das die Kirche für immer in zwei Lager spalten

sollte. Obwohl er für seine Thesen gegen den Ablasshandel und den Papst als Ketzer angeklagt und mit dem Tod bedroht wurde, weigerte er sich standhaft, diese zu widerrufen. Man sieht, mit Sturheit und Todesmut kann der Skorpion Großes vollbringen, denn ei-

SKORPIONE GENIESSEN DAS GEFÜHL, EIN WENIG MACHT ZU HABEN

ne Kirche zu reformieren ist im Normalfall ein unmögliches Unterfangen. Aber sehen wir uns ein weiteres Beispiel berühmter Skorpione an, Marie Curie. Ohne sie wären Radium und Polonium bis heute unentdeckt geblieben. Ihren Forschergeist musste Sie zwar wegen des permanenten Kontakts mit radioaktiven Stoffen mit einem recht frühen Tod bezahlen, aber als Skorpion war ihr ihre Forschungsarbeit wichtiger als das Leben. Außerdem wusste man bis dahin noch nichts über die Folgen von radioaktiven Strahlen. Eine weitere wichtige Erkenntnis, die sie der Nachwelt hinterlassen hat. Und Sie werden es nicht glauben, auch Bram Stoker, der Schöpfer des legendären Vampirs Dracula, war Skorpion. Nur das historische Vorbild für Stokers Dracula, Vlad Draculea, der rumänische Herrscher und grausame rachdurstige Pfähler, war nicht Skorpion, sondern Schütze. Aber Ausnahmen bestätigen ja bekanntlich die Regel.

DER SKORPION IST GENAU DER RICHTIGE FÜR AUSSICHTSLOSE UNTERFANGEN

Die 10 wichtigsten Gründe, warum es schön ist, ein Skorpion zu sein

Du hast eine faszinierende und geheimnisvolle Aura.

Alle haben Respekt vor deinem Stachel.

Du fürchtest keinen noch so tiefen Abgrund.

Du kannst hemmungslos fies sein, denn man erwartet nichts anders von dir.

Wer einmal deine Leidenschaft erleben durfte, kommt nicht mehr von dir los.

Deine Ellenbogen sind in Topform.

Geld ist dir egal, schließlich kann man ins Grab
nichts mitnehmen.

Du wirst selten unangenehm überrascht,
das Schlimmste hast du dir schon vorher ausgemalt.

Deine Höhenflüge sind einzigartig.

Du bist deutlich besser als dein Ruf.

SELBST SKORPIONE KÖNNEN ZUNEIGUNG ZEIGEN

VON EINEM SKORPION GETRÖSTET ZU WERDEN
HAT EINEN GANZ EIGENEN REIZ

Die 10 wichtigsten Gründe, warum es anstrengend ist, ein Skorpion zu sein

Du kannst niemandem dein Sternzeichen verraten,
weil du damit alle misstrauisch machst.

Manche Erfahrungen kann man nur einmal machen,
nämlich ein letztes Mal.

Drogen sind illegal und schwer zu beschaffen.

Die Dummheit der anderen ist nicht totzukriegen.

Du glaubst nicht an das Märchen
vom „guten Verlierer".

Keiner hat Lust mit dir zum hundertsten Mal
„Friedhof der Kuscheltiere“ anzuschauen.

Deine ironischen Anspielungen werden oft missverstanden.

An deinem Geburtstag ist immer Regenwetter.

Du denkst heute noch darüber nach, wie du dich am besten
an deinem Mathelehrer rächen könntest.

Nach außen wirkst du hart,
aber innen bist du ziemlich empfindsam.

ES GIBT MOMENTE, DA BRAUCHEN SKORPIONE SEHR VIEL ZUNEIGUNG

SKORPIONE WOLLEN IHR GEGENÜBER ERNST, ABER NICHT ZU ERNST NEHMEN

Skorpion-„Diplomatie" für Anfänger:

Wenn der Skorpion ... sagt, dann meint er eigentlich:

Du bist so blöd ... du bist nicht nur blöd, sondern total gehirnamputiert.

Ich liebe dich ... mit Haut und Haaren und bis in den Tod, falls du mich betrügst.

Du hast da einen Pickel ... wusste ich doch, dass du dich gleich ärgern würdest.

Ich muss mich mal wieder entspannen ... ein Friedhofsspaziergang oder ein guter Thriller wären jetzt nicht schlecht.

Ist das jetzt Smalltalk? ... Du gehst mir mit deiner oberflächlichen Wie-geht's-Fragerei auf den Nerv!

Geh mir aus der Sonne! ... Wenn ich so ein primitives Wesen wie dich sehe, verfinstert sich der Himmel.

Da tun sich Abgründe auf ... Abgründe, herrlich!

Ja, Herr Wachtmeister, ich weiß, dass das verboten ist ...
aber ich weiß auch, wo du wohnst und dass deine Hintertür
immer offen steht! Nimm dich in Acht, Bulle!

Das prallt an mir ab ...
aber ich werde es mir sehr gut merken.

Redest du mit mir? ... Du hast
vielleicht Mut, mich mit so einem
Schwachsinn zu langweilen.

Ich glaube, du hast zugenommen ...
irgendwer musste es ja mal sagen.
Du wirst mir noch dankbar dafür sein.

Interessant ... da muss ich
gleich mal genauer nachrecherchieren.

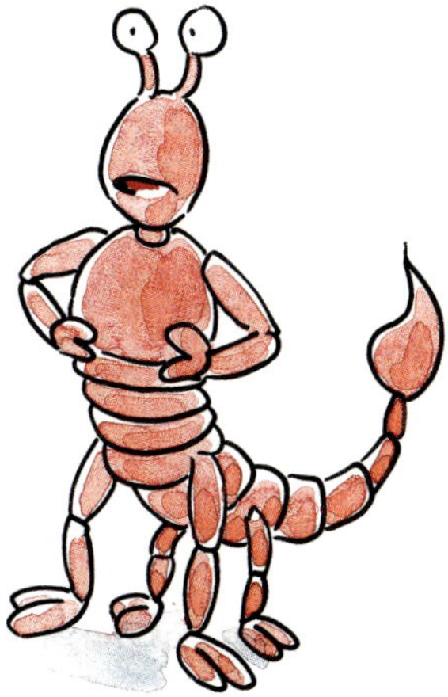

MIT SEINER DIREKTEN ART MACHT SICH EIN SKORPION NICHT IMMER NUR FREUNDE

DER SKORPION VERGISST SO LEICHT NICHTS

Erfindungen, die dem Skorpion zugeschrieben werden:

Abenteuerurlaub

Geisterbahn

Horrorfilm

Tiefenpsychologie

Voodoo

LSD

Experiment

Kamikaze-Flug

Sex-Shop

Dolch

Vulkan-Forschung

Freeclimbing

Kristallkugel

Blutkonserve

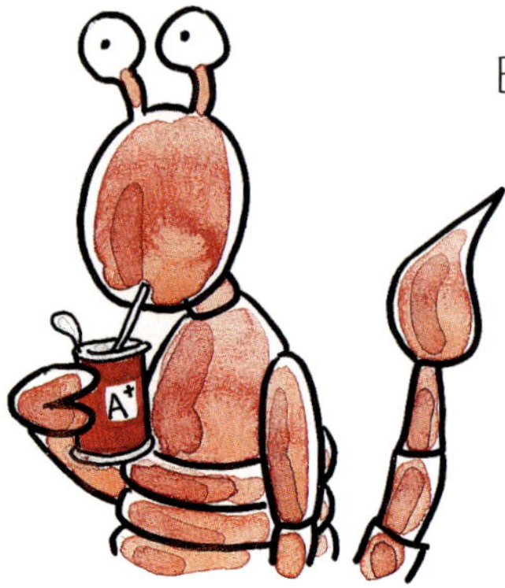

SKORPIONE KÖNNEN EINE SACHE SCHNELL AUF DEN PUNKT BRINGEN

10 Gebote für ein gutes Zusammenleben mit dem Skorpion

1.

Du sollst mich ehren und lieben,
bis dass der Tod uns scheidet.

2.

Du sollst keinem anderen schöne Augen machen.

3.

Du sollst ab und zu mit mir streiten.

4.

Du sollst experimentierfreudig bleiben,
auch in puncto Erotik.

5.

Du sollst mit mir tiefschürfende Gespräche führen.

6.

Du sollst mir meine offenen Worte
nicht übel nehmen.

7.

Du sollst meine Höhenflüge nicht bremsen
und meine Depressionen ertragen.

8.

Du sollst mit mir bis an unsere Grenzen gehen.

9.

Du sollst dich mir unterordnen,
aber nicht kampflos, das ist langweilig.

10.

Du sollst niemals einen öden
All-inclusive-Urlaub für uns buchen.

Nur noch Skorpione auf der Welt – geht das?

Die Skorpione sind nicht so blauäugig, dass sie an eine perfekte Harmonie und an eine heile Welt jenseits aller Widrigkeiten glauben würden. Trotzdem funktioniert das Zusammenleben wider Erwarten erstaunlich gut. Dumme Menschen und Langweiler gibt es schließlich in der Skorpion-Welt zum Glück nicht. Jeder lässt dem anderen seine extremen Vorlieben, bewusstseinserweiternde Drogen sind legal und Bungee-Jumping zahlt neuerdings die Krankenkasse. Grenzerfahrungen sind nämlich gut für den Kreislauf und beugen Arteriosklerose vor. Jeden Samstag im Sommer finden große Feste auf den Friedhöfen statt, Medizinmänner werden genauso akzeptiert wie die klassische Schulmedizin, und Geisterbeschwö-

rungen werden von niemandem mehr belächelt. In ihrem Wissensdurst bohren die Skorpione tiefe Löcher bis zum Erdmittelpunkt, um endlich mehr über das Innere der Welt in Erfahrung zu bringen. Nur die permanenten Intrigen um den Herrscherthron machen der Skorpion-Bevölkerung das Leben schwer. Ständig werden die Monarchen vergiftet, erdolcht oder verschwinden einfach und dann muss neu gewählt werden. Jeder zweite Skorpion lässt sich aufstellen, denn wenn Herrscher-Sein auch ein tödlicher Job ist, einer muss ihn tun, und das Leben besser und gehaltvoller zu machen. In der Welt der Skorpione ist immer Wahlkampf. Und man weiß ja aus eigener Erfahrung, dass im Wahlkampf an allen Fronten Chaos und Unsicherheit herrscht. Die Skorpione tragen es einigermaßen mit Fassung. So bleibt das Leben zumindest intensiv und spannend.